AF244823

L'UNION,

ASSOCIATION PHILOSOPHIQUE

DES

HOMMES LIBRES

DU

Monde civilisé.

RÉGLEMENT

ORGANIQUE ET CONSTITUTIF DE L'ASSOCIATION
ÉTABLI PAR LES FONDATEURS.

L'UNION,

ASSOCIATION PHILOSOPHIQUE

DES

HOMMES LIBRES

DU

Monde civilisé.

RÉGLEMENT

ORGANIQUE ET CONSTITUTIF DE L'ASSOCIATION
ÉTABLI PAR LES FONDATEURS.

PARIS,

IMPRIMERIE DE P. DUPONT ET G. LAGUIONIE,
rue de Grenelle St-Honoré, n. 55.

1832.

AVIS IMPORTANT.

———

La publication par la voie de l'impression du présent réglement n'a lieu que pour faciliter le prosélytisme obligé que chaque *unioniste* doit exercer envers dix individus. Un exemplaire doit en être confié par lui, tant qu'il n'a pas satisfait à cette obligation, à toute personne qu'il croit disposée à entrer dans l'Union; ladite personne n'en devient propriétaire qu'en cas d'admission.

En conséquence, les fondateurs de l'Union protestent d'avance contre tout autre emploi que celui désigné ci-dessus, qui pourrait être fait de ladite publication, soit par la vente des exemplaires du réglement, soit par l'insertion dans

les journaux de tout ou partie des articles qu'il renferme. Un fait de ce genre
ne pourra être considéré par eux que
comme le résultat d'un abus de confiance.

RÉGLEMENT

ORGANIQUE ET CONSTITUTIF

de l'Union.

——————

Titre I.—*But de l'Institution.*

1. Un état politique ne peut avoir une existence solide et durable qu'autant que les lois fondamentales de son organisation sont étayées par une morale politique.

2. Une institution spéciale destinée à inculquer fortement et à maintenir les préceptes de cette morale dans le cœur des hommes qui veulent être citoyens est donc une nécessité de l'organisation, c'est de plus une garantie pour l'avenir de la société.

3. Le but de l'Union est d'enseigner la morale politique à la génération actuelle, qui aurait dû recevoir cet enseignement de celle qui l'a précédée, et d'en maintenir à jamais les principes, en faisant de cette morale le lien d'une immense association philosophique de tous les hommes libres du monde civilisé, et suivant la règle ci-après.

4. Les dogmes de la morale politique de l'Union découlent de la loi naturelle, et n'admettent dans l'organisation politique que des lois nées de la nécessité; or, l'adoption par tous les peuples, de la même constitution est possible, lorsqu'elle n'a puisé ses lois que dans les conditions nécessaires à l'existence de la société. Une semblable adoption générale amènerait la paix universelle. Les privilégistes veulent cette paix universelle par l'alliance ou plutôt la ligue des rois, l'honnête homme ne doit la désirer que par l'alliance des peuples.

Titre. II.—*Nature de l'association.*

5. Chaque homme ici bas établit un commerce intime avec plus ou moins d'individus qui forment sa société habituelle selon ses goûts, ses mœurs et sa position dans le monde; l'enchaînement universel de toutes ces petites sociétés doit nécessairement conduire à la société générale de tous les hommes d'une ville, d'un état, d'une partie du monde, de la terre enfin.

6. Ce principe est celui sur lequel repose l'organisation de l'Union, qui régularise le grand enchaînement social de la manière suivante :

7. L'Union devant s'étendre sur le monde entier, l'association se divise en autant de branches qu'il y a de localités, où il est possible d'en former. Celle de Paris est la principale, toutes les autres n'en sont que les ramifications; elles en

reçoivent l'instruction réglementaire et la doctrine, et communiquent avec elle par voie de correspondance, pour entretenir les rapports qui doivent maintenir l'unité de principe dans l'association universelle.

8. Chaque branche de l'Union commence à l'unité et s'augmente progressivement par dizaine.

9. Le fondateur d'une branche de l'Union lorsqu'il a fait dix prosélytes, les réunit sous le nom de décurie; c'est la première progression. Les membres de cette première progression, aussitôt qu'elle est complète, contractent l'obligation de faire à leur tour chacun dix prosélytes pour en former leurs décuries respectives; c'est la deuxième progression. Même obligation est imposée aux membres de celle-ci, dès qu'elle est aussi complète, c'est-à-dire que leur nombre s'élève à cent; enfin, quand ces cent derniers en ont réuni mille, ou chacun dix, les mille en doivent réunir dix mille et ainsi de suite, jusqu'à ce qu'on ne puisse plus continuer la progression dans la localité.

10. Excepté le membre radical de la branche qui ne se rattache à rien et les membres où s'arrête la dernière progression, chaque unioniste est ainsi placé dans une sphère de vingt individus. Il tient à la souche de la branche par dix de ces individus et forme lui-même le nœud qui y rattache les dix autres.

Titre III.—*Moyens de propagation.*

11. Tous les moyens que l'Union emploie pour arriver à la propagation de sa doctrine de morale politique sont permis par les lois existantes et consistent :

1° Dans l'association elle-même, par le prosélytisme obligé que doit exercer chaque *unioniste* envers dix individus ;

2° Dans les écrits publiés gratuitement par l'association ;

3° Et dans un enseignement oral à l'usage des classes ouvrières, mis à leur portée par des conférences familières où chaque membre de l'Union a la faculté de faire admettre un citoyen de manière que le nombre de personnes admises dans ces conférences ne dépasse pas celui des réunions politiques permises en France par l'art. 291 du Code pénal.

12. Ces deux derniers moyens sont rendus possibles par le produit de la cotisation mensuelle de *un franc* à laquelle est soumis tout membre de l'Union, et celui de ses dons volontaires.

Titre IV.—*Obligations et devoirs du membre de l'Union.*

13. Le citoyen de n'importe quel pays de la terre, qui adopte de parfaite conviction la doctrine qu'un membre de l'association lui expose

et qui veut faire partie de l'Union, s'engage so-
lennellement sur l'honneur à professer toute sa
vie cette doctrine et à remplir fidèlement les
obligations et les devoirs qui lui sont imposés
par le présent réglement.

14. Le membre de l'Union doit faire, aussitôt que la progression dans laquelle il se trouve
placé est complète, les dix prosélytes qui doivent
composer sa décurie ou société particulière dans
l'Union, et faire connaître à l'association, par
une note détaillée, le nom, l'âge, le lieu de naissance, la profession et le domicile de ses prosélytes, ainsi que les renseignemens qui les con-
cernent et qui sont jugés nécessaires pour leur
admission.

15. Il doit assister régulièrement une fois par
mois, au jour fixé ci-après, à la réunion de la
décurie dont il fait partie et réunir le lendemain
celle qu'il a formée. Il doit assister également une
fois par an à l'assemblée générale des membres
de la branche et à toutes celles convoquées extra-
ordinairement pour les cas prévus par le présent
réglement.

16. Il doit payer exactement chaque mois la
cotisation fixée *à un franc*, contre un reçu signé
d'un administrateur responsable et comptable.

17. Il sert d'intermédiaire, soit de haut en
bas, soit de bas en haut, entre les deux décuries
dont il fait partie pour tout ce qui intéresse l'association et notamment la circulation des écrits

et des lumières apportés dans l'Union par les associés.

18. Il doit remplir les fonctions de juré, conformément à ce qui est établi par l'art. 135, lorsque le sort le désigne à cet effet, sauf le cas d'empêchement pour cause majeure.

19. Il veille à ce que les principes de la doctrine de l'Union soient maintenus dans toute leur pureté, dans l'esprit des membres de sa décurie, et demeure moralement responsable envers l'association de leur exactitude à assister à la réunion mensuelle.

20. Il est tenu d'user de la faculté que lui donne le 3e paragraphe de l'art. 11, toutes les fois qu'il en trouve l'occasion, et promet d'employer toute son influence sociale, ses lumières et ses moyens intellectuels pour répandre la doctrine de l'Union; non seulement parmi les membres qu'il y associe, mais encore dans l'esprit de toutes les personnes avec lesquelles il peut avoir des relations et dans quelque classe qu'elles soient placées, et si ses affaires l'obligent à changer de résidence, il s'engage à fonder une branche de l'Union dans la localité qu'il ira habiter ou à s'affilier à celle qui pourrait s'y trouver formée.

21. Il s'engage aussi, lorsqu'il a complété sa décurie, à mettre en rapport avec l'Union toute personne de quelque lieu que ce soit qu'il connaîtrait disposée à en faire partie, en fournissant pour chacune une note semblable à celle pres-

crité par l'art. 14, pour le membre admis dans l'association.

22. Enfin, il jure d'observer strictement le présent réglement dont un exemplaire lui est remis avant son admission dans l'Union.

Titre V.—*Conseils d'administration et colléges de l'Union.*

23. Chaque branche de l'Union qui a atteint sa deuxième progression est administrée par un conseil composé de onze membres nommés pour un an et solidairement responsables des faits de l'association. Jusqu'à ce qu'elle puisse, par la nomination de son conseil d'administration, se constituer indépendante, elle est subordonnée, pour la gestion administrative, au conseil de la branche formée dans la localité la plus proche de la sienne.

24. Les fonctions de membre du conseil d'administration ne sont pas rétribuées. Nul ne peut les exercer deux années de suite.

25. Pour l'exécution des moyens de propagation indiqués par l'art. 11, il est essentiel que l'association puisse s'attacher des hommes de talens, capables de développer ses principes et de les argumenter, soit publiquement dans leurs écrits, soit de vive voix dans les conférences.

26. A cet effet, il se forme dans l'association sous le nom de collége, et dans chacune des branches où il est possible de le faire, une réunion d'hom-

mes lettrés qui s'engagent à consacrer leurs talens.
et leurs lumières au succès de l'Union.

27. Le nombre des membres du collége est
illimité ainsi que la durée de leurs fonctions qui
sont incompatibles avec celles de membre du conseil d'administration.

28. Une rétribution peut être allouée à cer-
tains membres du collége par le conseil d'administration qui fixe le montant de cette rétribution.

Titre VI.—*Élection des membres du conseil d'administration.*

29. Lorsqu'une branche de l'Union a atteint
la seconde progression, ses membres se réunissent
en assemblée générale et extraordinaire pour choisir dans leur sein par voie d'élection le conseil
d'administration.

30. Cette première assemblée est présidée par
le doyen d'âge, quatre scrutateurs sont désignés
par le sort.

31. Au renouvellement annuel du conseil
d'administration tous les membres de l'Union,
quel que soit leur nombre à cette époque, participent à l'élection.

32. Si le nombre des membres est trop considérable pour qu'une seule assemblée ait lieu,
on forme plusieurs sections présidées chacune par
un membre du conseil d'administration désigné
par le sort.

33. Dans l'assemblée unique ou dans chaque section, quatre scrutateurs sont également désignés par le sort.

34. Le remplacement des membres du conseil décédés ou démissionnaires se fera par voie d'élection, conformément au présent titre; seulement, et sauf le cas extraordinaire où cinq membres au moins devraient être remplacés à la fois, il ne pourra y avoir d'assemblée générale, pour pourvoir audit remplacement d'un nombre de membres au-dessous de cinq, qu'après un délai de trois mois, à partir de la dernière assemblée générale.

35. Les fonctions particulières des membres manquans au-dessus dudit nombre, seraient, jusqu'au remplacement, remplies par les autres membres.

TITRE VII.—*Nomination des membres du collége.*

36. Lorsqu'une branche de l'Union a atteint la seconde progression, et que le conseil d'administration est formé, tout membre de l'association qui veut faire partie du collége en adresse la demande, accompagnée d'une profession de foi écrite et signée; au conseil, qui s'assemble pour voter sur l'admission.

37. Le conseil d'administration doit faire connaître à tous les membres de sa branche les noms de ceux qu'il admet au collége.

Titre VIII.—*Attributions des conseils d'administration des différentes branches de l'Union dans leur branche respective.*

38. Les conseils d'administration de l'Union étant responsables des faits de l'association, chacun envers la branche qu'il dirige, ils ont seuls l'exécution administrative du présent réglement dans la marche qui s'y trouve indiquée et à laquelle ils ne peuvent apporter aucun changement.

39. Les conseils d'administration, aussitôt qu'ils sont constitués dans une branche de l'Union, organisent régulièrement le personnel de cette branche, continuent et maintiennent ladite organisation.

40. Ils ont le maniement des fonds de l'association envers qui ils en sont également responsables. Ils doivent choisir pour trésorier un notaire ou un banquier chez lequel ils versent lesdits fonds à l'exception d'une somme de mille francs qu'ils peuvent conserver en caisse pour subvenir aux besoins courans.

41. Ils font imprimer et publient pour le compte de l'association, tous les écrits du collége, qu'ils jugent susceptibles de concourir à la propagation de la morale politique de l'Union et en distribuent gratuitement les exemplaires à tous les membres de leur branche.

42. Ils sont encore responsables envers l'asso-

ciation de tout ce qui, dans ces écrits, serait contraire à l'esprit de cette morale.

43. Dans la branche qui ne possède pas de collége, le conseil d'administration fait réimprimer et publie, pour cette branche, les écrits qui lui conviennent parmi ceux qui ont été publiés par une autre branche.

44. Ils ne peuvent sous aucun prétexte détourner de leur unique destination les deniers de l'association qui doivent être employés en raison de l'importance des produits, en frais de publications, rétributions à des membres de l'Union, qui sont entièrement livrés aux travaux du collége ou des comités spéciaux, dont il sera parlé ci-après, appointemens de commis, frais de bureau et de correspondance, abonnemens de journaux, achats de livres, loyer pour le siége de l'administration ou pour les divers locaux nécessaires aux assemblées extraordinaires d'élection et pour les séances du collége, frais de chauffage, d'éclairage et d'entretien de maison, indemnités dans les cas prévus au titre XXI, et généralement en toutes dépenses nécessaires au plein succès de la propagation universelle de la doctrine de l'Union et qui doivent être régulièrement fixées par décisions spéciales du conseil d'administration.

45. Ils se forment en tribunal dans les circonstances et de la manière qui seront indiquées au titre XIX.

46. Servant à l'association de point central où les rapports en tous genres viennent d'une extrémité pour retourner à l'autre, ils sont tenus de faire circuler une fois par mois dans toute leur branche un bulletin qui tienne les membres au courant de la situation personnelle et financière et des faits intéressant l'Union.

47. Ils statuent sur les demandes de congés temporaires ou illimités qui lui sont adressées par ceux des membres de l'association que des motifs plausibles obligent à suspendre physiquement l'exercice de leurs devoirs d'unionistes.

48. Les conseils d'administration s'assemblent quand ils le jugent nécessaire. Ils règlent comme il leur convient l'ordre et la tenue de leurs séances.

TITRE IX.—*Attributions particulières du conseil d'administration de la branche de Paris relativement aux autres branches.*

49. La branche de Paris étant la principale et celle dont toutes les autres dépendent, son conseil d'administration a des attributions particulières.

50. Il est chargé d'étendre les ramifications de l'Union dans tous les pays du monde.

51. Il entretient une correspondance suivie, pour tout ce qui intéresse l'association générale avec les conseils d'administration de toutes les branches qu'il a directement établies, ou seulement avec les fondateurs de ces branches nou-

velles lorsqu'elles n'ont pas encore atteint leur seconde progression.

52. Il fait passer à chacun de ces conseils ou de ces membres fondateurs l'exposé imprimé des principes de la morale politique de l'Union, ainsi qu'une copie également imprimée du présent réglement.

53. Pour garantir à l'institution, l'unité de principes dans sa morale politique, le conseil d'administration de la branche de Paris exerce une haute inspection sur toutes les autres branches.

54. Le conseil d'administration de la branche de Paris adresse un exemplaire de tous les écrits publiés par le collége de cette branche à chacune de celles qui se forment par ses soins dans les différentes localités ; celles-ci doivent, en échange, lorsqu'elles font aussi des publications, en envoyer également un exemplaire à la branche de Paris.

Titre X. — *Comités spéciaux formés par les conseils d'administration dans les différentes branches de l'Union.*

55. Pour se faciliter l'expédition des affaires, le conseil d'administration d'une branche de l'Union se partage, entre les membres qui le composent, ses diverses attributions.

56. Chaque membre du conseil s'adjoint deux membres de l'Union à son choix, ce qui constitue un comité spécial composé de trois membres pour chaque genre d'attribution. Le conseil

d'administration peut décider s'il y a lieu d'allouer une rétribution, qu'il fixe, à ceux des membres composant le comité, qui sont entièrement livrés aux travaux administratifs.

57. Il y a donc pour l'administration de chaque branche de l'Union :

Le comité de l'organisation locale,

Le comité des fonds,

Le comité des publications;

Le comité de l'enseignement oral,

Les divers-comités de l'organisation extérieure,

Et le comité du secrétariat.

58. Néanmoins les affaires traitées ainsi séparément par un comité spécial, le sont toujours vis-à-vis de l'association sous la responsabilité du conseil d'administration, et vis-à-vis du conseil sous la responsabilité de celui de ses membres qui fait partie du comité spécial.

En conséquence et pour garantir à l'association cette responsabilité collective du conseil d'administration et à chacun des membres dudit conseil en particulier l'effet de la solidarité de tous, les membres du conseil d'administration dans les huit jours qui suivent leur élection, engagent par un acte authentique devant le notaire de l'Union, et pour l'année de leur gestion, leur responsabilité envers la branche de l'association qu'ils dirigent, et règlent entre eux la solidarité de cette responsabilité à l'égard des attributions spéciales dont ils se font la délégation.

TITRE XI.—*Comité d'organisation locale.*

59. Ce comité régularise, continue et maintient l'organisation de la branche à laquelle il appartient.

60. Il tient sans cesse au courant le registre matricule de l'association dont il est le dépositaire et dont les feuilles sont disposées de manière à y recevoir :

Un numéro d'ordre,

Les noms et prénoms de chaque membre de l'Union,

Son âge,

Son lieu de naissance,

Son domicile,

Sa profession,

Des renseignemens sur sa moralité et sa vie politique,

Les incidens qui peuvent survenir dans l'Union à son sujet,

Les mutations dont il peut être l'objet.

61. Chaque membre de l'Union y étant amené par la filiation d'un ou plusieurs membres, suivant la progression où il se trouve placé, il est nécessaire d'appliquer à la distribution des numéros d'ordre donnés à chaque membre pour correspondre à son article au registre matricule, un système qui permette de remonter successivement aux divers degrés de ladite filiation, par la seule inspection des chiffres.

62. En conséquence, les numéros d'ordre sont distribués aux membres de l'Union de la manière suivante :

Au premier membre, fondateur de la branche une lettre de l'alphabet ; la lettre A pour Paris.

Aux dix membres de la première progression, amenés par le fondateur et qui composent sa décurie, les numéros 1 à 10 inclusivement.

Aux cent membres de la deuxième progression, amenés par les dix de la première et composant leurs dix décuries respectives, les numéros 11 à 110.

Ces distributions sont établies conformément au tableau ci-après :

A

1	2	3	4	5	6	7	8	9	10
11 à 20	21 à 30	31 à 40	41 à 50	51 à 60	61 à 70	71 à 80	81 à 90	91 à 100	101 à 110

Aux mille membres de la troisième progression amenés par les cent de la seconde et formant leurs cent décuries respectives, les numéros

111 à 1,110 ; aux membres de la quatrième, les numéros 1,111 à 11,110, et ainsi de suite en se conformant toujours à la division indiquée par le tableau ci-dessus.

63. Il résulte de cette distribution qu'à la seule inspection des chiffres composant le numéro d'ordre d'un membre de la quatrième progression, par exemple, et en retranchant successivement un chiffre à droite, on connaîtra le numéro du membre de la troisième progression qui l'aura amené dans l'Union ; celui du membre de la deuxieme qui aura amené le membre de la troisième ; enfin, celui du membre de la première qui aura amené le membre de la deuxième.

Ainsi l'on voit que le membre ayant le n° 4195 appartenant à la 4ᵉ progression, a été amené par le membre ayant le n° 419 dans la 3ᵉ, qui lui-même a été amené par le membre ayant le n° 41 dans la 2ᵉ, lequel enfin est venu du membre ayant le n° 4 dans la 1ʳᵉ.

Lorsqu'un zéro se trouve dans le numéro, on doit, outre le retranchement de ce zéro, déduire le nombre *un* du chiffre qui le précède.

C'est ainsi que le n° 4090 de la 4ᵉ progression.

Appartient au n° 408 de la 3ᵉ idem.

Qui appartient au n° 40 de la 2ᵉ idem.

Qui provient du n° 3 de la 1ʳᵉ idem.

On peut aisément se rendre compte de cette opération en consultant le tableau de l'article 62.

64. Il est donc important que la distribution

des numéros d'ordre aux membres de l'Union se fasse exactement suivant ce qui vient d'être établi et sans avoir égard à l'ordre de leur admission, c'est-à-dire que si un membre portant le n° 45 , par exemple, fait des prosélytes , avant celui auquel appartiendrait le n° 44, les membres amenés par ce n° 45 doivent être inscrits sur le registre aux numéros qui en dépendent et qui sont 451 à 460 , les lacunes devant se remplir, lorsque se complète la progression.

65. Il a été dit à l'art. 21 que le membre de 'Union après avoir formé sa décurie devrait mettre en rapport avec l'association toute personne qu'il trouverait disposée à en faire partie, le comité d'organisation locale ouvrira un registre destiné à recevoir la liste desdites personnes qui lui seront indiquées par les membres de l'Union. Ce registre sera établi et tenu dans la forme de celui qui est prescrit par l'article 60, à l'exception du classement numérique qui se fera suivant 'ordre d'inscription seulement.

66. Les personnes inscrites sur ce registre serviront à compléter chaque progression ; elles seront intercalées par le comité d'organisation locale dans les décuries de ceux des membres de l'Union qui éprouveraient quelques difficultés à faire dix prosélytes.

67. En conséquence, tout membre de l'Union quise trouverait dans ce cas devra s'adresser au comité de l'organisation locale, qui lui mettra

sous les yeux une liste de prosélytes à classer pour qu'il puisse faire la demande de ceux qui lui conviendraient.

68. Lorsque ledit membre aura fait son choix, le comité en donnera connaissance aux personnes qui en auront été l'objet et qui seront libres d'accepter ou non leur classement.

69. Les vides occasionnés dans les décuries par suite de décès, expulsions, changemens de résidence ou congés, se rempliront par voie de roulement ou mutation successive, de telle manière qu'un individu venant à manquer, qui serait membre de la première décurie, l'unique dans la première progression, et chef de celle formée par lui dans la deuxième, son premier prosélyte le remplacera dans cette première décurie et prendra son numéro d'ordre. Le remplaçant deviendra chef d'une décurie de la première progression, dont il n'était que membre, puis manquant à son tour dans celle formée par lui dans la troisième progression, il sera remplacé de même par son premier prosélyte et ainsi de suite jusqu'à la dernière qui se complétera par un prosélyte à classer. Cette opération sera faite par le comité d'organisation locale, qui en mentionnera les résultats sur le registre matricule à la colonne des mutations.

70. Le comité d'organisation locale est chargé de tout ce qui concerne les élections, soit pour le renouvellement annuel du conseil d'administra-

tion, le remplacement d'un membre dudit conseil, décédé ou démissionnaire , soit pour l'admission au collège.

71. Il reçoit les demandes motivées de congés que les membres de l'association peuvent adresser au conseil d'administration, et les soumet audit conseil assemblé, qui, vu les motifs, fait droit aux demandes.

72. Il fournit aux autres comités tous les renseignemens statistiques qui lui sont demandés sur le personnel de l'association.

TITRE XII.— *Comité des fonds.*

73. Le comité des fonds opère le recouvrement de la cotisation mensuelle, et reçoit les dons volontaires des associés, applicables au fonds social, aux souscriptions d'indemnités ou aux œuvres de bienfaisance.

74. La perception est faite à domicile.

75. Il est chargé de la caisse de l'association , mais il ne doit conserver de fonds entre ses mains que jusqu'à concurrence de mille francs pour subvenir aux besoins courans.

76. Il verse le surplus chez le trésorier de l'association.

77. Il acquitte en espèces toutes ordonnances de payement signées par un administrateur responsable, si le montant ne dépasse pas cent francs. Au-dessus de cette somme il délivre en acquit un mandat sur le trésorier.

78. Il tient le journal de caisse.

79. Il fournit aux autres comités tous les renseignemens qui lui sont demandés sur la situation de la caisse.

Titre XIII.—*Comité des publications.*

80. Ce comité s'occupe de tout ce qui concerne les publications de l'association.

81. En vertu des attributions qui lui sont déléguées spécialement par le conseil d'administration, il examine les écrits du collége avant de les livrer à l'impression.

82. Si le membre du conseil qui préside le comité croit ne pouvoir engager sa responsabilité dans la publication d'un écrit, sans en référer au conseil d'administration assemblé, il lui soumet ledit écrit et le conseil, après délibération ordonne ou rejette l'impression.

83. Tout écrit du collége, qu'il soit ou non signé par son auteur, ne pouvant être publié que sous la responsabilité du conseil d'administration, doit être remis entre les mains de l'imprimeur, par le membre du conseil délégué, chef du comité des publications, qui signe le bon à tirer.

84. Le nombre d'exemplaires à tirer d'un écrit de l'association doit toujours être celui du chiffre qu'aurait le personnel de la progression au-dessus de celle atteinte par la branche de l'association, plus un nombre d'exemplaires proportionné aux besoins extérieurs.

Si ladite branche a atteint la quatrième progression et compte ainsi 11,111 membres, le tirage d'une publication doit être de 111,111 exemplaires et le supplément pour l'extérieur.

86. Le comité des publications fixe le nombre dudit tirage et règle avec l'imprimeur les frais de l'impression.

86. Il fait les achats de papier à terme ou au comptant.

87. Il pourvoit aux frais de piqûre ou brochage des exemplaires et à ceux de leur distribution.

88. Cette distribution a lieu de la manière suivante : supposant le nombre du tirage être 11,111 exemplaires, le comité en remet la totalité au membre formant la souche de la branche

Celui-ci garde pour lui un exemplaire, et remet à chacun des dix membres composant sa decurie 1,111 exemplaires.

Ces dix membres distribuent à leur tour par dixième dans leurs décuries respectives, chacun gardant pour lui un exemplaire, et ainsi de suite jusqu'aux mille membres de la troisième progression, qui n'ont plus chacun que dix exemplaires à distribuer à de nouveaux prosélytes.

89. Le comité des publications conserve le dépôt des exemplaires tirés en plus pour les besoins extérieurs.

90. Il en remet aux divers comités qui lui en demandent.

91. Il leur fournit également tous les renseignemens statistiques qu'ils désirent obtenir sur les publications de l'Union.

Titre XIV.—*Comité de l'enseignement oral.*

92. Ce comité est chargé d'établir sur les divers points de la localité suivant les moyens pécuniaires de la branche dont il fait partie, des conférences présidées par des membres du collége, et consacrées spécialement à l'instruction politique des classes ouvrières, qui ne peuvent que difficilement, à cause de leurs travaux, faire partie active de l'association, et qui se composent cependant des citoyens les plus *notables* de la nation, en raison de leur nombre et de leur utilité dans la société.

93. Le comité fait circuler dans les décuries de la branche les cartes d'entrée aux conférences politiques de l'Union, où vingt personnes seulement peuvent être admises par séance.

94. Tout membre du collége qui veut prononcer un discours d'enseignement au sein d'une conférence politique de l'Union, doit soumettre le manuscrit de ce discours au comité d'enseignement oral. Le chef de ce comité, membre délégué du conseil d'administration, autorise ou interdit le discours après examen.

95. Il est bien entendu que le conseil d'administration n'est responsable d'aucun discours prononcé par un membre du collége qui ne se serait pas soumis à la formalité prescrite par l'article précédent.

96. Le comité donne à qui de droit des ren-

seignémens statistiques sur l'enseignement oral
de l'Union.

TITRE XV. — *Comités de l'organisation*
extérieure.

97. Le nombre de ces comités est en raison de
l'étendue des rapports de leur branche respective.

Il y en a six pour celle de Paris, qui sont :

Le comité des départemens,

Le comité de Belgique, Pologne, Italie et
Suisse,

Le comité d'Angleterre et d'Amérique septen-
trionale,

Le comité d'Allemagne, Hongrie, Turquie et
Asie,

Le comité de Prusse, Hollande, Suède, Dane-
marck et Russie,

Le comité d'Espagne, Portugal, Amérique du
Sud et Afrique.

98. Chacun des comités de l'organisation extérieure fait les démarches nécessaires pour procu-
rer à l'Union des correspondans dans toutes
les localités des pays compris dans ses attributions.

99. Il recueille à ce sujet auprès des membres
de l'Union tous les renseignemens possibles.

100. Lorsqu'un correspondant lui a été indiqué dans une localité, il lui fait passer immédia-

tement l'exposé des principes de la morale politique de l'Union, et le présent réglement qu'il a
soin de faire traduire dans la langue du pays de
ce correspondant, lorsque cela est nécessaire.

101. Le correspondant, qui devient le prosélyte de l'Union, adresse au comité une formule
écrite du serment exigé de tout unioniste, et reçoit en échange l'autorisation de créer une
branche de l'Union dans la localité où il se
trouve.

102. Le comité entretient les relations de sa
branche avec celles qui se forment à l'extérieur,
il emploie pour la correspondance les voies les
plus promptes, les plus sûres et les moins coû-
teuses.

103. Il leur communique tout ce qui peut intéresser l'association générale en fait de renseignemens statistiques sur la situation personnelle
et financière, et leur adresse exactement un
exemplaire de chacune des publications faites par
le collége de sa branche. Il veille en retour à ce
qu'un semblable envoi lui soit fait pour toute publication extérieure.

104. Chacun de ces six comités ouvre un registre où il inscrit tout ce qui est relatif aux
branches de l'association avec laquelle il corres-
pond.

105. Il fournit aux autres comités les notions
qui lui sont demandées sur ce qui concerne ses
attributions.

Titre XVI. — *Comité du secrétariat.*

106. Ce comité tient la comptabilité de l'association dans la forme la plus claire et la plus précise.

107. Il reçoit directement des membres de l'Union la communication qu'ils peuvent avoir à faire au conseil d'administration de tous les faits intéressant l'association, et s'occupe de tout ce qui concerne les souscriptions pour indemnités ou œuvres de bienfaisance dont il sera parlé plus loin.

108. Il rédige le rapport mensuel qui doit être soumis à tous les membres de l'association, et qu'il remet en nombre suffisant au premier membre de la branche pour le faire circuler de haut en bas.

109. Ce rapport doit contenir succinctement tout ce qui peut intéresser les membres de l'Union, soit relativement aux faits particuliers de la branche de Paris, soit à ceux des autres branches. Il contient en outre ce que le conseil d'administration assemblé décide qu'il y soit inséré; ainsi que les avis de souscriptions volontaires pour indemnités ou œuvres de bienfaisance.

110. Le comité du secrétariat fait établir par la voie de l'autographie autant de copies dudit rapport qu'il y a de membres dans la branche.

111. Il communique aux autres comités tous les renseignemens qui lui sont demandés sur la situation financière de l'association.

Titre XVII. — *Ordre et genre des travaux du collége de l'Union.*

112. Les membres du collége de l'Union sont divisés en deux classes : les membres libres qui ne sont assujétis à aucun ordre de travail fixe, et ceux qui acceptent du conseil d'administration une tâche spéciale, quelquefois rétribuée, selon son importance, ou qui s'engagent à tenir une conférence politique, aux lieu, jour et heure indiqués par le comité de l'enseignement oral.

113. Les membres des colléges de l'Union ne doivent jamais perdre de vue dans le courant de leurs travaux, que le but de cette institution n'est pas seulement de faire prévaloir, par la propagation de sa doctrine, un système d'organisation applicable à tel ou tel pays, mais au contraire de poser les bases d'une constitution naturelle, convenable à tous les peuples du monde civilisé. C'est une théorie générale qu'ils développent, et si, dans les branches françaises de l'Union, les membres des colléges sont obligés de faire des rapprochemens avec l'organisation politique de la France plus souvent qu'avec toute autre, ce doit être par la seule raison que, s'adressant à des Français, il faut pour que ceux-ci puissent sentir la justesse des raisonnemens et des conséquences, les mettre à même de saisir l'esprit des rapprochemens.

114. Les membres des colléges de l'Union

doivent s'attacher surtout, dans leurs écrits ou discours, à faire comprendre aux honorables citoyens, que les privilégistes appellent prolétaires, les droits qu'ils ont dédaignés trop long-temps. Ils doivent exhorter ces hommes du peuple, les seuls véritables patriotes, à devenir plus confians en eux-mêmes, à ne plus douter de leur bon sens et de leurs sentimens de justice, qu'ils ont révélés dans tant de mémorables occasions, à ne plus croire qu'une raison supérieure ait été donnée à quelques individus seulement pour qu'ils puissent régler à leur volonté les destinées de tous les autres ; à se persuader enfin que *l'homme naissant libre avec des facultés physiques et morales, le seul but de l'organisation politique d'une société doit être de garantir à chacun de ses membres le développement et l'exercice de ces facultés;* que cette garantie s'obtient par les lois nées de la *nécessité*, et qu'il n'est nullement nécessaire pour qu'un état politique soit solide et durable, qu'une portion des citoyens qui le composent possède des avantages au détriment de l'autre.

115. Le genre des travaux des colléges de l'Union est généralement de développer le plus explicitement possible, et dans la forme la plus appropriée à l'intelligence de toutes les classes, les principes contenus dans l'exposé de la morale politique professée par l'association, de soutenir la polémique que tout publiciste pourrait élever à cet égard, et de retracer sans cesse aux adver-

saires de l'Union les vices de toutes les organisations politiques qui ont régi et qui régissent encore le monde, en signalant les nombreux malheurs qui en sont résultés pour l'humanité.

116. Bien qu'un écrit du collége soit publié aux frais de l'association et sous la responsabilité de son conseil d'administration, il peut être signé par son auteur.

117. L'écrit d'un membre du collége, publié par une branche de l'Union, devient la propriété de l'association qui a seule, tant qu'elle existe, le droit de le faire imprimer, mais jamais d'en tirer aucun profit. Le membre du collége contracte particulièrement l'engagement qui le soumet à cette clause dans la profession de foi qu'il est tenu de faire lorsqu'il se présente à l'élection.

118. Tout membre qui pendant l'espace de six mois n'aurait pris aucune part aux travaux du collége, serait considéré comme démissionnaire, et n'en pourrait plus faire partie.

119. Les travaux de membre du collége ne sont pas incompatibles avec ceux de membre adjoint d'un comité spécial d'administration.

TITRE XVIII. — *Rapports des membres de l'Union entre eux et avec le conseil d'administration.*

120. Les rapports que les membres de l'Union ont entre eux sont la principale base sur laquelle

repose l'institution ; c'est par eux qu'un admira-
ble enchaînement social s'établit dans une branche de l'association ; c'est par l'ordre qui les règle
que, sans qu'il y ait dans un même lieu plus de
onze individus assemblés, l'Union fût-elle composée d'un nombre considérable de membres, la
connaissance du même fait, du même écrit, leur
parviendrait à tous dans un court espace de
temps. Les articles 13 à 22 font connaître à l'u-
nioniste les obligations et les devoirs qu'il contracte en entrant dans l'association, il est nécessaire de lui indiquer ici de quelle manière il doit
les remplir.

121. L'assemblée mensuelle des membres de
l'association réunies en décuries a lieu :

Pour la 1re progression le 1er lundi du mois.
Pour la 2e le 1er mardi.
Pour la 2e le 1er mercredi,
et ainsi de suite, de progression en progression,
c'est-à-dire que le membre de l'Union assiste un
jour à l'assemblée de la décurie dont il fait partie, et réunit le lendemain celle qu'il a formée.

Le membre formant la souche de la branche,
n'assiste qu'à l'unique assemblée de la première
dont il est fondateur. Les membres de la dernière
progression atteinte n'assistent également qu'à
une assemblée, mais par la raison contraire qu'ils
n'ont pas de décurie formée.

122. Le membre de l'Union assemble sa décurie le jour fixé pour la progression dont il fait

partie, au lieu qu'il lui convient et généralement à sept heures du soir, à moins qu'une autre heure soit préférée par lui et la totalité des membres de sa décurie.

123. Les membres de l'association, en se réunissant par décuries une fois par mois, n'ont d'autre mission que celle qui leur est dictée par le zèle qui doit les attacher à la nouvelle patrie qu'ils ont trouvée dans l'Union. Dans ces petites réunions, toutes de fraternité, point d'étiquette réglementaire, point de ces inutiles statuts, ni de cette mysticité ridicule qu'adoptent tant d'associations pour servir de hochets à leurs membres à défaut de but réel. L'unioniste assemble chez lui les dix amis qui lui ont juré de professer à jamais les mêmes sentimens politiques que lui. Il les assemble chaque mois pour s'assurer qu'un lien sacré n'a pas cessé de les unir, et pour les tenir au courant des progrès du grand œuvre auquel ils se sont associés, en leur soumettant le rapport mensuel dressé par les administrateurs de leur branche. Chacun des dix membres apporte en commun dans cette réunion amicale les lumières qu'il possède, raconte les faits intéressant l'association qui sont venus à sa connaissance, et soumet à ses confrères les observations et les argumens des antagonistes de l'Union qui auraient pu ébranler sa foi, afin qu'on puisse le mettre à même de les réfuter à l'occasion s'il ne s'en est pas senti capable. Le chef de l'assemblée com-

muniqué également ce qu'il a recueilli plus haut, et les dix unionistes qu'il a réunis en font autant le lendemain pour remplir à leur tour la noble tâche que tous se sont imposée.

124. Les rapports de l'administration avec les membres de l'Union ont lieu de haut en bas par le moyen de l'enchaînement progressif. Ceux au contraire des membres avec l'administration se font soit par le moyen dudit enchaînement de bas en haut, soit directement d'un membre de l'Union à l'administration.

125. En conséquence, indépendamment de la circulation dans les décuries du rapport mensuel de l'administration et des publications dans l'ordre déjà indiqué, les membres de l'association se communiquent successivement de progression en progression, de vive voix, par écrit ou par bulletin imprimé, toutes les fois que les circonstances l'exigent, les avis en tous genres, les demandes de secours ou d'indemnités et généralement tout ce qui est nécessaire aux travaux de l'Union.

126. La communication d'un fait important concernant l'Union, les souscriptions volontaires, les renseignemens exigés de tout unioniste sur les dix prosélytes obligés ou ceux qu'il fait en plus, sont adressés comme il est dit plus haut, ou directement au comité dans les attributions duquel ils rentrent, ou par la filiation des membres de chaque progression en remontant jusqu'à

la souche de la branche. Lorsque le choix de ces deux moyens n'est pas facultatif l'administration fait savoir aux membres de l'association lequel doit être employé.

127. Lorsqu'un membre de l'Union appelé à former sa décurie a réuni les dix prosélytes qui doivent la composer, après en avoir donné connaissance au comité d'organisation locale conformément à l'article 14, il les assemble à l'effet de recevoir d'eux le serment qui les lie pour toujours à l'association. Nul écrit signé n'est exigé du prosélyte pour son admission dans l'Union. La seule garantie du contrat est dans son honneur qu'il met en commun dans la famille des unionistes et qu'il perdrait aux yeux de tous s'il transgressait à la loi qu'il s'impose volontairement.

Le membre qui fait la réception, lit aux dix récipiendaires les principes de la morale politique de l'Union, le présent réglement organique et constitutif de l'association, puis la formule du serment dans les termes suivans :

« Pénétrés de l'intime et profonde conviction
« que les principes de la morale politique de
« l'Union, dont nous venons d'entendre l'exposé,
« sont basés sur la loi naturelle qui doit seule
« servir de règle à l'honnête homme et ne peut
« jamais varier, nous déclarons que ces principes
« sont les nôtres, que nous les professerons tant
« que nous vivrons, que leur adoption par la
« presque unanimité des hommes civilisés peut

« seule amener une ère de paix et de bonheur
« sur la terre, qu'une institution destinée à les
« propager universellement et à les maintenir
« dans les esprits est un bienfait pour l'humanité,
« et que nos sentimens nous portent à nous y
« associer. Nous voulons en conséquence faire
« partie de l'Union, et nous jurons sur l'honneur
« de remplir à jamais les obligations et les devoirs
« qui nous sont imposés par le réglement organi-
« que et constitutif de cette association dont
« nous avons pris connaissance indépendamment
« de la lecture qui vient de nous en être faite.
« Ces obligations et devoirs, dont nous compre-
« nons parfaitement l'étendue, ne seront pas
« moins sacrés pour nous que les principes fon-
« damentaux par lesquels nous nous sommes rat-
« tachés à l'Union et que nous allons désormais
« propager avec elle. »

Les récipiendaires disent tous ensemble : *Nous le jurons.* Puis le membre qui les a reçus les proclame *membres de l'Union* et donne à chacun le numéro d'ordre qu'il doit avoir sur le registre matricule de la branche.

128. Les communications par la voie de l'enchaînement progressif deviendraient impossibles, si ledit enchaînement se trouvait rompu par le fait de l'un des membres de la branche. En conséquence et sauf le cas de force majeure, duement constaté, aucune excuse ne peut être admise de la part des membres qui font manquer la circula-

tion d'une communication quelconque, d'autant
plus qu'il est loisible à chacun de se faire rempla-
cer dans ses travaux par un membre de sa décurie.
Les fonctions de membre du conseil d'administration du collége ou d'un comité spécial ne sont
nullement dispensatives des devoirs et obligations
du simple membre de l'Union.

Titre XIX.—*Police de l'association.*

129. La police de l'association est exercée par
le conseil d'administration, au nom de la branche
qu'il représente.

130. Soumis par le serment à l'exécution
pleine et entière du réglement organique et constitutif de l'association, et facilité d'ailleurs dans
une partie de cette exécution par l'article 128, le
membre de l'Union qui l'enfreint ouvertement
se rend coupable de parjure.

131. Tout membre de l'Union doit signaler au
conseil d'administration quiconque se serait, à sa
connaissance, rendu coupable de parjure dans le
sein de l'association, et quiconque aussi par sa
conduite privée devrait en être exclus.

132. Lorsqu'un membre de l'Union est accusé
en vertu de l'article précédent, le conseil assemblé
décide s'il doit ou non s'emparer de l'accusation
et y donner suite au nom de l'association.

133. Dans le cas où l'accusation doit être
suivie, le conseil d'administration se constitue

en chambre de discipline et choisit dans son sein ;

1° Le membre qui doit présider aux débats;

2° Celui qui doit instruire l'affaire et remplir les fonctions de rapporteur;

3° Et celui qui doit soutenir l'accusation.

Les fonctions de conseillers sont attribuées aux autres membres.

134. Le membre dont la conduite est incriminée est mis au fait de l'accusation par le rapporteur qui l'invite à lui donner les explications qu'il pourrait avoir à fournir pour sa justification; et commence immédiatement l'enquête nécessaire en employant tous les moyens que permettent la discrétion et surtout l'esprit de fraternité qui doit toujours lier les membres de l'Union.

135. Pendant le cours de ladite enquête, le conseil d'administration constitué en chambre de discipline procède à la formation d'une liste préparatoire de trente six personnes désignées par le sort sur la totalité des membres composant la branche de l'association et dont le tiers doit servir pour le jury chargé de prononcer en dernier ressort sur l'accusation.

Pour cette opération, à laquelle le membre accusé a le droit d'assister, on réunit dans une roue disposée à cet effet, en une ou plusieurs parties selon le nombre de membres atteint par la branche, la lettre de la souche et les numéros d'ordre desdits membres inscrits chacun sur une boule ou carte. La liste se forme des noms correspondans aux trente-six numéros sortis de la roue, à la seule exclusion des onze membres du conseil d'administration, de l'accusé et de ses proches, les numéros sortis ne participent plus à aucun tirage que les autres n'aient été épuisés. Lorsqu'on est obligé de faire le tirage en plusieurs parties, le nombre des numéros qui doivent sortir de chaque subdivision est en raison de celui qu'e.le renferme. Immédiatement après la formation de la liste, on en donne avis aux membres qui la composent afin qu'ils puissent faire connaître s'ils ont des motifs légitimes d'empêchement dans un délai de trois jours, après lequel aucune réclamation n'est valable.

136. L'instruction terminée le conseil fixe le jour des débats. Une citation est adressée au membre accusé pour qu'il ait à comparaître et présenter sa défense, soit par lui-même, soit par toute personne de son choix faisant néanmoins partie de l'Union.

137. Au jour fixé, la chambre de discipline s'assemble et les débats s'ouvrent. Les trente six personnes désignées pour la liste préparatoire du jury, le membre accusé, son défenseur et les témoins, s'il y en a, doivent seuls y assister.

Si l'accusé fait défaut le président lui nomme un défenseur d'office.

On procède ensuite à la formation du jury définitif composé de douze membres désignés par le sort. L'accusé ou son défenseur et l'accusateur ont respectivement le droit de récusation.

On entend le rapporteur, les témoins à charge et à décharge, l'accusateur, l'accusé ou son défenseur, puis le président résume et pose au jury cette question. *Le membre accusé de parjure est-il coupable*, ou celle-ci, *la conduite privée du membre de l'Union traduit devant nous, nécessite-t-elle son expulsion de l'association.* Le jury prononce par *oui* ou *non.*

Dans l'affirmative sur la première question, la chambre de discipline arrête que *le membre parjure* sera exclus à jamais de l'Union et signalé dans le prochain rapport mensuel à tous les membres de sa branche; elle peut en outre ordonner qu'il sera adressé un exemplaire de ce rapport aux conseils d'administration de chacune des autres branches.

Dans l'affirmative sur la seconde question la chambre de discipline arrête seulement qu'il y aura exclusion et notification de cet arrêt au comité de l'organisation locale pour qu'il soit pourvu immédiatement au remplacement du membre exclus.

Lorsque le membre accusé est déclaré non coupable sur l'une ou l'autre des deux questions, l'insertion de l'arrêt au rapport mensuel est également ordonnée, à moins qu'il ne s'y oppose lui-même. Il n'a droit, du reste, à aucune autre réparation.

138. Les séances du conseil d'administration constitué en chambre de discipline ont lieu le soir au local où siége l'administration.

139. S'il arrivait qu'une accusation contre un membre fût portée au conseil pendant l'instruction d'une autre affaire de ce genre, les deux seraient réunies pour que le même jury pût prononcer.

Généralement, l'usage des tribunaux ordinaires suppléera à tout ce qui n'est pas prévu par le présent réglement.

TITRE XX. — *Contrôle des actes du conseil d'administration.*

140. Les membres du conseil d'administration étant responsables envers tous ceux de leur branche ; le contrôle de leurs actes s'exerce librement par tout membre de l'Union faisant partie de ladite branche.

141. D'un autre côté, cette responsabilité étant solidaire entre tous les membres du conseil, ils ne peuvent en raison de leurs actes, être accusés que collectivement.

142. Cette accusation n'est valable que pour un cas grave et d'urgence.

143. Il y a cas grave et d'urgence, lorsque dix membres au moins de la branche qui n'a pas encore atteint sa 2e progression, ou cent membres au moins de celle qui l'a dépassée, se portent forts pour soutenir l'accusation.

144. Le cas ci-dessus échéant, les membres accusateurs en déléguent un ou plusieurs d'entre eux qui convoquent en assemblée générale tous les membres de la branche, à l'effet d'élire à la pluralité des voix une commission extraordinaire composée de cinq membres et chargée d'examiner la conduite du conseil d'administration accusé; l'assemblée générale nomme aussi les onze membres qui doivent former un nouveau conseil d'administration, si la commission extraordinaire casse le premier : ces élections sont faites suivant la marche indiquée au titre VI.

145. Après un mur et loyal examen, la commission extraordinaire casse s'il y a lieu le conseil d'administration accusé, se fait rendre par lui les comptes de sa gestion et le décharge de toute responsabilité, à moins qu'une poursuite judiciaire ne devienne nécessaire.

146. Lorsqu'un conseil d'administration a été cassé, ses membres peuvent être traduits devant le nouveau conseil, comme simples membres de l'Union en vertu des articles compris dans le titre XIX et suivant la marche qui y est indiquée, mais toujours pour le fait des actes administratifs qui ont amené leur dissolution.

147. Les membres d'un conseil d'administration en exercice sont toujours, indépendamment de leurs fonctions, soumis comme tous les autres unionistes à la police de l'association, sans aucune exception.

TITRE XXI. — *Indemnisation des membres de l'Union ou de leurs proches persécutés par les gouvernans.*

148. On doit répéter encore ici, que l'association pour arriver à la propagation universelle de ses principes, ne veut employer que les moyens qui sont permis par les lois. Néanmoins, comme on a vu souvent les intentions les plus droites, les plus généreuses, incriminées par les hommes du pouvoir et servir de prétexte à l'injustice et à la persécution ; comme les Français, notamment, n'ont pas oublié qu'un grand nombre de fonctionnaires publics ont été brutalement destitués, pour avoir fait partie d'une *association nationale* que le patriotisme le plus pur avait fait naître, les fondateurs de l'Union se voient dans la cruelle nécessité de prévoir tout ce qui pourrait résulter de semblable du fait de leur institution.

149. En conséquence tout membre de l'Union ou même un de ses proches, qui, par le fait de l'association, éprouverait quelque dommage, injustice ou persécution de la part d'un gouvernement, aurait droit à une indemnité.

150. Il en ferait la demande par écrit au comité du secrétariat, qui, lorsque le conseil d'administration assemblé aurait fixé le montant de l'indemnité, ouvrirait dans le sein de la branche une souscription volontaire, destinée à en couvrir les frais.

151. Dans le cas où le produit de la souscrip-tion serait insuffisant, le conseil d'administra-tion prendrait sur les fonds de l'association la somme nécessaire pour compléter le montant de l'indemnité.

152. Les membres du conseil d'administration qui, en raison de leur responsabilité, seraient, pour le fait d'écrits ou discours qu'ils n'auraient pas jugés contraires aux lois, poursuivis judi-ciairement, et par suite condamnés à l'amende ou à l'emprisonnement, auraient droit au béné-fice de l'art. 149, soit pour les couvrir du paie-ment de l'amende, soit pour les indemniser de l'emprisonnement.

153. Les membres du conseil d'administration qui se trouveraient dans le cas prévu par l'article ci-dessus, fixeraient eux-mêmes le montant de leur indemnité, sous la réserve laissée aux mem-bres de leur branche, comme pour tout autre acte administratif, et suivant la marche indiquée au titre XX, du droit de contrôle et d'accusation, si la publication incriminée par le pouvoir n'était pas conforme à l'esprit du règlement organique et constitutif de l'Union, ou si la fixation de l'indemnité était faite sans mesure et d'une ma-nière préjudiciable aux intérêts de l'association.

TITRE XXII. — *OEuvres de bienfaisance de l'Union.*

154. La philanthropie ne doit être étrangère à

aucune association philosophique ; cependant, les ressources fixes de l'Union ne lui permettront pas de donner directement ce double but à ses travaux ; mais l'enchaînement progressif résultant de son organisation pourra être mis à profit pour des œuvres de bienfaisance, en rendant prompte et facile la circulation parmi tous les membres d'une branche, des demandes de secours adressées à l'association sur la recommandation de l'un de ses membres, et que le conseil d'administration aurait jugées dignes de provoquer une souscription volontaire.

155. Plusieurs de ces demandes pourront être réunies, et faire l'objet d'une seule souscription.

156. L'administration se réglera, généralement pour le nombre de demandes à accueillir, sur l'étendue du personnel de sa branche.

157. Elles seront, sauf le cas de *nécessité urgente*, mises en circulation par la voie du rapport mensuel, et c'est au comité du secrétariat chargé de ce rapport, que devront se présenter les personnes recommandées à cet effet par un des membres de l'Union.

Titre XXIII.— *Publication du réglement organique et constitutif de l'Union.*

158. La publication du présent réglement organique et constitutif de l'Union, en 168 articles, est faite par les premiers fondateurs de l'in-

stitution, à leurs frais, à titre d'avance, et sous leur responsabilité.

159. Le format adopté comme le plus portatif est l'in-18; il contient 54 pages d'impression; le premier tirage est de 12,000 exemplaires.

160. Dans chacune des autres branches qui se forment dans les diverses localités, la réimpression en est faite sur l'exemplaire envoyé par la branche de Paris par un ou plusieurs des premiers fondateurs, également à leurs frais, à titre d'avance, et sous leur responsabilité. Le format doit être partout le même, et le tirage proportionné aux besoins de la localité.

161. L'administration de la branche de Paris doit en fournir au prix coûtant aux branches qui lui en demandent.

162. Dans les localités où la réimpression et même l'introduction des exemplaires ne peut avoir lieu, il s'en fait des copies à la main.

163. Les premiers fonds qui rentrent dans chacune des branches, sont avant tout employés à couvrir l'avance des fondateurs pour les frais de cette publication.

TITRE XXIV. — *Publication de l'exposé des principes de la morale politique de l'Union.*

164. L'exposé des principes de la morale politique de l'Union se compose d'un préambule succinct en deux paragraphes, et de 17 articles fondamentaux.

165. Tout ce qui vient d'être dit ci-dessus concernant la publication du réglement, est applicable à celle-ci, à l'exception du format et du
nombre de feuilles.

166. L'exposé des principes de la morale politique de l'Union doit être imprimé en entier sur
une page in-4° en petit texte.

Titre XXV. — *Dispositions générales.*

167. Le présent réglement est établi à toujours : aucun changement ne pourra y être ap-
porté, non plus qu'à l'exposé des principes de la
morale politique de l'Union.

168. Un exemplaire de chacune de ces publications, tiré sur papier timbré et signé par les
premiers fondateurs de l'association, sera déposé
chez un notaire lors de la constitution du conseil
d'administration de la branche de Paris.

TABLE.

Titre Ier. But de l'institution.   Pag.   7

II. Nature de l'association.   8

III. Moyens de propagation.   10

IV. Obligations et devoirs du membre de l'Union.   ibid.

V. Conseils d'administration et colléges de l'Union.   13

VI. Élection des membres du conseil d'administration.   14

VII. Nomination des membres du collége.   15

VIII. Attributions des conseils d'administration des différentes branches de l'Union dans leur branche respective.   16

IX. Attributions particulières du conseil d'administration de la branche de Paris relativement aux autres branches.   18

X. Comités spéciaux formés par les conseils d'administration dans les différentes branches de l'Union.   19

XI. Comité d'organisation locale.   21

XII. Comité des fonds.   26

XIII. Comité des publications. 27

XIV. Comité de l'enseignement oral. 29

XV. Comités de l'organisation extérieure. 30

XVI. Comité du secrétariat. 32

XVII. Ordre et genre des travaux du collége de l'Union. 33

XVIII. Rapports des membres de l'Union entre eux, et avec le conseil d'administration. 35

XIX. Police de l'association. 41

XX. Contrôle des actes du conseil d'administration. 45

XXI. Indemnisation des membres de l'Union ou de leurs proches persécutés par les gouvernans. 47

XXII. OEuvres de bienfaisance de l'Union. 48

XXIII. Publication du réglement organique et constitutif de l'Union. 49

XXIV. Publication de l'exposé des principes de la morale politique de l'Union. 50

XXV. Dispositions générales. 51